Afirmaciones "Yo soy"

250 afirmaciones poderosas sobre vivir en abundancia de riqueza, salud, amor, creatividad, autoestima, alegría y felicidad

© **Derechos de autor 2019**

Todos los derechos reservados. Este libro no puede ser reproducido de ninguna forma sin el permiso escrito del autor. Críticos pueden mencionar pasajes breves durante las revisiones.

Descargo: Esta publicación no puede ser reproducida ni transmitida de ninguna manera por ningún medio, mecánico o electrónico, incluyendo fotocopiado o grabación, o por cualquier sistema de almacenamiento o recuperación, o compartido por correo electrónico sin el permiso escrito del editor.

Aunque se han realizado todos los intentos por verificar la información proporcionada en esta publicación, ni el autor ni el editor asumen responsabilidades por errores, omisiones o interpretaciones contrarias con respecto al tema tratado aquí.

Este libro es solo para fines de entretenimiento. Las opiniones expresadas son solo del autor y no deben tomarse como instrucciones de expertos. El lector es responsable de sus propias acciones.

La adherencia a todas las leyes y normativas aplicables, incluidas las leyes internacionales, federales, estatales y locales que rigen las licencias profesionales, las prácticas comerciales, la publicidad y todos los demás aspectos de la actividad comercial en EE. UU., Canadá, Reino Unido o cualquier otra jurisdicción es responsabilidad exclusiva del comprador o lector

Ni el autor ni el editor asumen responsabilidad alguna en nombre del comprador o lector de estos materiales. Cualquier parecido con cualquier individuo u organización es pura coincidencia.

Contents

INTRODUCCIÓN 1

CAPÍTULO 1: CÓMO USAR LAS AFIRMACIONES 3

CAPÍTULO 2: LA RIQUEZA 7

CAPÍTULO 3: LA SALUD 9

CAPÍTULO 4: EL AMOR 11

CAPÍTULO 5: LA CREATIVIDAD 13

CAPÍTULO 6: LA AUTOESTIMA 15

CAPÍTULO 7: LA ALEGRÍA 17

CAPÍTULO 8: LA FELICIDAD 19

CONCLUSIÓN 21

Introducción

En los siguientes capítulos analizaremos cómo usar las afirmaciones para cambiar su vida en una dirección positiva. Muchas veces, usted puede sentir que está rodeado de pensamientos y sentimientos negativos todo el día, todos los días. Siente que ha fallado en la vida, el trabajo y las relaciones. Y cuanto más piense las cosas de manera negativa, más negatividad llegará a su vida.

Puede ser extremadamente difícil romper el ciclo del pensamiento negativo. El uso de afirmaciones positivas verdaderamente puede cambiar su forma de pensar y de cómo usted interactúa con el mundo que le rodea. Se está permitiendo adquirir un nuevo hábito, uno que cambiará su vida para mejor. Cuando se usan correctamente, las afirmaciones pueden cambiar su visión de las cosas y ayudarle a sentirse más feliz y saludable. Pueden ayudarle a alcanzar el éxito, tanto profesional como personal. Usted puede aprender a tener amor, alegría y felicidad en su vida, incluso si no ha sentido esas emociones en mucho tiempo. ¡Las afirmaciones pueden incluso ayudarle a aumentar su autoestima! Pueden hacer mucho por usted y mejorar su vida de una manera única.

Piénselo como una forma de karma. Cuando tenemos una actitud positiva y nos sentimos bien con nosotros mismos, nuestras vidas tienden a ser mucho más fáciles. Puede describirse como una especie de "vibración". Cuando nuestra vibración es positiva, las cosas positivas como el amor, la salud y la riqueza son atraídas magnéticamente hacia nosotros. Lo contrario también puede ser cierto. Cuando tenemos una actitud negativa y nos sentimos mal con nosotros mismos, podemos albergar un tipo de comportamiento contraproducente. Hacerlo causa resultados negativos, como enfermedades, dramas y problemas financieros. En lugar de enfocarnos en todos los aspectos negativos de nuestras vidas, podemos usar afirmaciones para ayudarnos a ver toda la positividad que nos rodea. Nosotros somos capaces de enfocar nuestra atención hacia los objetivos, tanto a corto plazo como a largo plazo, alejarnos del estrés y fomentar nuestro propio cambio de una manera positiva.

Hay muchos libros sobre este tema en el mercado, ¡nuevamente gracias por elegir este! Nos hemos esforzado por garantizar que esté lleno de la mayor cantidad de información útil posible. ¡Disfrútelo!

Capítulo 1: Cómo usar las afirmaciones

Las afirmaciones pueden ser útiles para muchas situaciones diferentes que puede encontrar en su vida diaria. El uso de ellas realmente ha demostrado la evidencia de un mejor desempeño en el trabajo. Solo pasar unos momentos pensando en lo que le hace a usted especial antes de una gran presentación o reunión puede tranquilizarle, aumentar su confianza e incluso aumentar las posibilidades de un resultado exitoso. Las afirmaciones también pueden ser muy útiles para deshacerse del estrés. Ayudan a cambiar su forma de pensar, lo que le ayuda a convertirse en un mejor solucionador de problemas. Eso a su vez le ayuda a descubrir las cosas que normalmente le generan estrés.

Las afirmaciones también son buenas para el manejo de la ira, para cuando se siente impaciente o frustrado, o incluso para superar un mal hábito. Las afirmaciones pueden ser una forma poderosa de cambiar realmente su vida. Son una forma de transformar su pensamiento de negativo a positivo, pero solo funcionan cuando se usan correctamente.

Hay algunas cosas importantes que debe recordar al usar afirmaciones.

Tiempo presente

Indique siempre la afirmación en tiempo presente. Si lo dice en tiempo futuro, entonces es algo que piensa hacer en el futuro en lugar de hacerlo en este momento. Por ejemplo, al decir "me sentiré feliz", hace parecer que no es realmente feliz ahora, pero quizás algún día lo será. El problema es que necesita sentirse feliz ahora, no en un momento indeterminado en el futuro. En su lugar, use el tiempo presente y diga: "Yo soy feliz". Hacer esto reacondiciona su mente para cambiar su forma de pensar acerca de esa emoción específica.

Las palabras positivas

Siempre es mejor mantenerse alejado de las palabras negativas. Todas sus afirmaciones deben contener únicamente términos positivos. Su subconsciente siente palabras negativas y las entiende de manera equivocada. Por ejemplo, tome una afirmación que diga: "No soy pobre". Parece ser una manera positiva de pensar, ¿cierto? Sin embargo, su mente se enfoca en la parte "pobre" de la misma, lo que hace que se concentre y piense en lo pobre que usted es.

Otro ejemplo es cuando tiene muchos platos sucios en el fregadero. Podría decir algo como: "Bueno, no están tan sucios". Pero usted escucha la palabra "sucios", que tiene una connotación negativa, y entonces todo en lo que se puede centrar es en el desorden y la suciedad, que es lo opuesto a lo que está tratando de lograr. En su lugar, utilice una afirmación que solo use palabras positivas; una que muestre cuánto tiene, no cuánto no tiene. Un giro positivo en el ejemplo de "no soy pobre" es diciendo "tengo riqueza". Su mente se enfoca en la parte de "tener" y "riqueza", y comienza a sentirse positivo acerca de cuánta riqueza tener. ¡Es realmente sorprendente cómo el uso de las palabras positivas puede cambiar la forma en que realmente pensamos sobre las cosas!

Una a la vez

Existen muchas afirmaciones diferentes. ¡Este libro en sí habla de siete tipos diferentes! Como hay tantos, puede ser muy fácil combinar afirmaciones. Especialmente cuando los temas están tan estrechamente relacionados, como la felicidad y el amor. Sin embargo, en realidad es mejor mantener cada tema de afirmación separado y centrarse en un objetivo a la vez. Puede ser difícil comenzar a tratar de lograr muchos objetivos diferentes al mismo tiempo. Piénselo como si se tratara de hacer malabares. Lanzar muchas bolas al aire requiere de mucha concentración, y puede ser muy fácil fallar e incluso dejar caer una bola. Pero concentrarse en mantener una sola bola en el aire significa que puede mantener toda su concentración en ella, lo que hace que la tarea sea mucho más fácil. Si usted intenta centrarse en demasiadas afirmaciones de diferentes temas, entonces lo que trata de lograr no funcionará. Concéntrese en una a la vez y enfóquese completamente en ese objetivo. Al hacer esto, tendrá éxito en lo que se proponga.

Práctica, práctica, práctica

Es muy importante practicar las afirmaciones tanto como sea posible. De hecho, la forma recomendada es repetir una al menos 20 veces y hacerlo tres veces al día.

Es difícil adquirir un hábito, y especialmente difícil cambiar la forma en que su mente piensa. Por ejemplo, una de las afirmaciones más difíciles es sobre la autoestima. Muchas personas se menosprecian con mucha frecuencia y no se consideran muy bien a sí mismas. Podría ser sobre el aspecto o lo inteligente que es; independientemente, casi todo el mundo tiene problemas de autoestima. Esto hace que las afirmaciones de autoestima sean mucho más difíciles. Es muy fácil decir "soy bonita" o "valgo algo", pero ¿cuánta gente realmente piensa que lo que dicen es la verdad? La mejor manera de adquirir el hábito de algo es hacerlo una y otra vez. Repitiéndose a usted mismo estas afirmaciones muchas veces al día, comenzará a cambiar su forma de pensar. Comenzará realmente a creer que usted es bonita y que vale algo. Si continúa practicando, finalmente su mente aceptará la afirmación como la verdad.

Sin embargo, no puede detenerse una vez que llegue a ese punto. Las afirmaciones necesitan refuerzo, o de lo contrario existe la posibilidad de que vuelva a su forma de pensar anterior. Entonces, en lugar de detenerse una vez que acepte la afirmación, siga repitiéndola continuamente. Es mejor usar afirmaciones a diario, así que conviértalo en un hábito y practíquelo haciéndolos a una hora específica cada día. Cuando se está cepillando los dientes o apenas se despierta, son buenos momentos para practicar. ¿Qué pasa cuando está almorzando? En lugar de pensar en lo que va a hacer esa tarde o estar en las redes sociales, puede decirse a sí mismo algunas afirmaciones.

Al final de un largo día, trate de decir algunas afirmaciones al espejo. Tal vez tuvo un día realmente difícil en el trabajo y se siente verdaderamente mal. En lugar de simplemente aceptar la negatividad, dígase algunas afirmaciones positivas que le ayudarán a sentirse mejor.

Capítulo 2: La riqueza

1. Yo merezco dinero. Atraigo grandes cantidades de dinero para mí. Yo merezco tener mucho dinero.
2. Yo soy bueno administrando mi dinero. Yo soy el amo de mi dinero. Estoy en control de mis finanzas.
3. Estoy agradecido por la riqueza que hay en mi vida en este momento. Estoy agradecido por la riqueza que ya tengo dentro.
4. Yo soy rico. Yo soy una mujer/hombre rico. Atraigo riqueza de todo lo que me rodea.
5. Doy valor a los demás. Creo valor para los demás. Yo soy un ser lleno de ideas y pensamientos creativos ilimitados.
6. Bendigo a todos los que son ricos, abundantes y ricos. Bendigo su abundancia y riqueza y envío mi amor a su manera.
7. Me estoy volviendo más y más rico cada día, en todos los sentidos.
8. Cada día me hago más abundante, en todos los sentidos.
9. Cada día me vuelvo más y más rico, en todos los sentidos.
10. Yo uso el dinero para cosas buenas. El dinero es bueno porque lo uso para bien.
11. Me vuelvo más rico dando más. Me hago más millonario dando más. Me hago abundante dando más.
12. Yo soy millonario. Pienso como millonario, actúo como millonario y me siento millonario.

13. Yo permito que la riqueza entre en mi vida. Yo permito que la prosperidad entre en mi vida. Yo permito que la abundancia entre en mi vida.
14. Yo soy receptivo a toda la riqueza que la vida me ofrece.
15. Mi éxito es importante y necesario.
16. Mis sueños se han hecho realidad.
17. Cada día es un día de riquezas.
18. Yo creo riqueza, así que siempre soy rico.
19. Yo soy positivo a hacerme rico.
20. Yo doy la bienvenida a la riqueza con los brazos abiertos.
21. Espero éxito en todos mis esfuerzos y permito que el éxito sea mi estado natural.
22. Yo hago de los retrasos y errores mis pasos hacia mi éxito.
23. Yo soy capaz de superar los desafíos rápidamente.
24. Yo soy capaz de pasar de una mentalidad de pobreza a una mentalidad de abundancia.
25. El dinero me llega de manera fácil y sin esfuerzo.
26. Yo estoy alineado con la energía de la riqueza y la abundancia.
27. Aprovecho las nuevas oportunidades de ingresos.
28. Yo uso mi dinero para mejorar mi vida y las vidas de quienes me rodean.
29. Yo soy capaz de manejar grandes cantidades de dinero.
30. El dinero crea un impacto positivo en mi vida.
31. Yo manejo el éxito con gracia.
32. Yo soy el amo sobre mi riqueza.
33. Yo soy capaz de recibir dinero.
34. Yo permito que mi riqueza se expanda y vivo con comodidad y alegría.
35. Yo soy capaz de ganar dinero haciendo lo que amo y estoy totalmente apoyado en mis proyectos.
36. Tengo pensamientos positivos sobre el dinero.

Capítulo 3: La salud

1. Yo como alimentos saludables que benefician a mi cuerpo.
2. Yo tomo grandes cantidades de agua que limpian mi cuerpo.
3. Yo me siento bien, mi cuerpo se siente bien e irradio buenos sentimientos.
4. Yo estoy en posesión de una mente sana y un cuerpo sano.
5. Yo tengo un corazón fuerte y un cuerpo sano. Soy enérgico y vigoroso.
6. Yo dejo de lado todos los sentimientos negativos sobre otros, los incidentes y todo lo demás. Perdono a todos los que están asociados conmigo.
7. Yo trato mi cuerpo como un templo. Mi cuerpo es limpio, santo y lleno de bondad.
8. Mi cuerpo está sano, yo soy rico y mi mente es sabia.
9. Me rodeo de personas que me animan a estar saludable.
10. Yo honro mi cuerpo.
11. Espero una vejez saludable porque ahora cuido mi cuerpo.
12. Yo estoy agradecido por mi cuerpo sano.
13. La paz fluye a través de mi mente, cuerpo y alma.
14. Me gusta vivir la vida.
15. Yo soy digno de buena salud.
16. Yo me enfoco en la progresión positiva.
17. Yo soy amigo de mi cuerpo.
18. Yo cuido mi cuerpo con una compasión incondicional.
19. Yo estoy haciendo todo lo posible para mantener mi cuerpo bien.

20. Yo estoy dispuesto a participar en mi plan de bienestar.
21. Yo tengo un sistema inmunológico fuerte. Soy capaz de lidiar con gérmenes, bacterias y virus.
22. Mi cuerpo está lleno de energía.
23. Mi cuerpo está libre de dolor.
24. Mi cuerpo se cura solo, y me siento mejor cada día.
25. Envío mucho amor y sanación a todos mis órganos.
26. Yo le presto atención a mi cuerpo. Escucho lo que mi cuerpo necesita.
27. Tengo un buen sueño. Duermo profundamente y me despierto sintiéndome descansado.
28. Me rodeo de personas que apoyan mis elecciones saludables.
29. Hablo, pienso, y actúo en perfecta salud.
30. Yo elijo hacer que todos mis pensamientos sean saludables.
31. Yo disfruto cuidando mi cuerpo.
32. Yo respiro profundamente para levantar mi estado de ánimo y llevar energía a mi cuerpo.
33. Permito que todas las células de mi cuerpo lo reparen y lo rellenen.
34. Yo nutro mi cuerpo con mucha agua.
35. Me divierto al ejercitar mi cuerpo.
36. Yo escucho mi cuerpo, que me comunica lo que me gusta.

Capítulo 4: El amor

1. Yo estoy rodeado de amor.
2. Yo mantengo mi corazón abierto.
3. Yo irradio amor.
4. Merezco amar y ser amado.
5. Siempre recibo lo que doy al mundo.
6. Soy capaz de ver desde el punto de vista de mi pareja, por lo que puedo entenderla perfectamente.
7. Yo soy capaz de expresar mis sentimientos abiertamente.
8. Todas mis relaciones ofrecen una experiencia positiva y amorosa.
9. Estoy feliz de dar y recibir amor todos los días.
10. Estoy agradecido por lo amado que soy y por lo mucho que la gente se preocupa por mí.
11. Tengo el poder de dar amor sin cesar.
12. Yo doy la bienvenida al amor con los brazos abiertos.
13. Yo permito que mi belleza interior se irradie hacia afuera.
14. Mis relaciones me llenan.
15. Yo soy hermoso.
16. Yo confío en el universo para encontrarme mi pareja perfecta.
17. Yo siento amor. Veo amor. Soy amado.
18. Yo me amo a mí mismo y a todos los aspectos de mi vida.
19. Miro todo con ojos amorosos, y amo todo lo que veo.
20. Mi pareja me ama por lo que soy.
21. Yo respeto y admiro a mi pareja.
22. Yo veo lo mejor en mi pareja.

23. Comparto la intimidad emocional con aquellos con los que tengo una relación fuerte.
24. Mi pareja y yo nos comunicamos abiertamente.
25. Yo soy capaz de resolver los conflictos con mis seres queridos de una manera pacífica y respetuosa.
26. Yo soy capaz de ser yo mismo en una relación amorosa.
27. Yo apoyo a mi pareja y quiero lo mejor para él/ella.
28. Yo merezco compasión, empatía y amor.
29. Tengo un corazón cariñoso y cálido.
30. Yo estoy lleno de amor por quien soy.
31. Mi vida está llena de amor.
32. El amor fluye a través de mí en cada situación.
33. Yo encuentro el amor a donde quiera que vaya.
34. Yo soy capaz de recibir amor con los brazos abiertos.
35. Yo tengo el apoyo de mi familia, mis amigos, mis relaciones y eso me encanta.

Capítulo 5: La creatividad

1. Yo hago tiempo para crear.
2. Yo me desarrollo constantemente como artista.
3. Dejo que mi yo creativo salga a jugar.
4. Yo me doy espacio para la expresión creativa.
5. Yo soy creativo.
6. Yo tengo una mente libre y abierta.
7. Yo tengo una imaginación activa y libre.
8. Yo estoy lleno de creatividad e inspiración.
9. Mi mente creativa es el mejor recurso para superar los desafíos.
10. Yo estoy abierto a nuevas experiencias.
11. Yo hago de cuidar mi mente una prioridad.
12. Abrazo y amo a mi niño interior creativo.
13. Soy mi yo único. Soy especial, maravilloso, y creativo. Dirijo mis talentos creativos hacia cualquier cosa que me dé placer.
14. Uso mi creatividad en todos los aspectos de mi vida.
15. Mis dones son apreciados por quienes me rodean y mis talentos son buscados.
16. Yo puedo crear milagros dentro de mi vida.
17. Suelo apartar toda resistencia al expresar mi creatividad.
18. Hay muchas oportunidades en cualquier área creativa que yo elija.
19. Incluso si no tengo éxito, todos mis proyectos creativos me traen satisfacción.
20. Yo estoy abierto a aprender nuevas ideas creativas todos los días.

21. Yo practico ser creativo todos los días, y es una prioridad en mi vida.
22. Cada día me hago más creativo.
23. Yo soy capaz de resolver problemas usando ideas creativas y únicas.
24. Yo estoy lleno de creatividad.
25. Yo tengo el poder y los recursos como creador.
26. Yo soy un ser poderoso y creativo con ideas ilimitadas.
27. Yo soy capaz de pensar ideas nuevas y frescas.
28. Yo estoy agradecido de tener una mente imaginativa.
29. Yo estoy agradecido por todas mis diferentes ideas creativas.
30. Yo estoy agradecido por mis habilidades creativas.
31. Yo soy imaginativo.
32. Yo soy ingenioso e inventivo.
33. Yo siempre puedo contar con mi imaginación para ideas creativas.
34. Yo uso mi poder y mis dones de maneras útiles e inspiradoras.
35. Yo soy capaz de sentirme creativo e inspirado cuando estoy en el trabajo.
36. Yo tengo un talento creativo fantástico.

Capítulo 6: La autoestima

1. Yo estoy dispuesto a aceptar los errores. Ellos son los peldaños del éxito.
2. Yo siempre estoy aprendiendo y creciendo.
3. Yo no me compararé con otros.
4. Yo me enfoco en las cosas que puedo cambiar.
5. Yo merezco una buena vida. Alejo de mí todas las ideas de sufrimiento y desdicha.
6. Yo me amo como soy.
7. Yo estoy constantemente creciendo y cambiando para mejor.
8. Yo soy inteligente, competente y capaz.
9. Yo creo en mí mismo, en mis destrezas y en mis habilidades.
10. Yo soy útil y hago aportes a la sociedad y mi propia vida.
11. Mis decisiones son sensatas y razonables, y las apoyo.
12. Yo tengo la capacidad de adquirir todos los conocimientos que necesito para tener éxito.
13. Yo soy libre de tomar mis propias decisiones y elecciones.
14. Yo soy digno del respeto de los demás.
15. Yo acepto los cumplidos fácilmente y los doy libremente.
16. Yo acepto a otras personas tal como son, lo que a su vez les permite aceptarme tal como yo soy.
17. Yo me respeto.
18. Yo dejo de lado la necesidad de probarme ante los demás. Soy mi propio yo, y me amo tal como soy.

19. Yo estoy lleno de valentía. Y estoy dispuesto a actuar a pesar del miedo.
20. Yo confío en mí mismo.
21. Me acerco a personas extrañas con entusiasmo y audacia.
22. Yo respiro de una manera que me ayuda a sentir más confianza. Inhalo confianza y exhalo timidez.
23. Yo tengo confianza en mi futuro.
24. Yo soy una persona independiente, persistente y creativa en todo lo que hago.
25. Yo confío en mi segunda naturaleza.
26. Yo soy capaz de encontrar la mejor solución a mis problemas.
27. Yo recuerdo que nada es imposible.
28. Yo soy único. Me siento bien. Me encanta vivir la vida y ser yo.
29. Yo tengo integridad.
30. Yo me acepto plenamente.
31. Yo estoy orgulloso de mí mismo.
32. Yo permito que mi mente se llene de pensamientos nutritivos y positivos.
33. Yo me acepto y encuentro paz interior al hacerlo.
34. Yo tengo la capacidad de superar todos los desafíos que la vida me da.
35. Yo soy capaz de levantarme ante la adversidad.
36. Yo tomo mis propias decisiones y elecciones.

Capítulo 7: La alegría

1. Yo estoy dispuesto a permitir la alegría en mi vida.
2. Yo muestro alegría a todo con lo que interactúo.
3. Yo elijo la alegría. Es una posibilidad en todos y cada uno de los momentos de mi vida.
4. Mi día comienza y termina con alegría y gratitud por mí mismo.
5. Mis experiencias de alegría se expanden cada día.
6. Yo me permito sentir aprecio y alegría por las personas que me aman.
7. Yo me permito sentir alegría.
8. Yo me permito estar abierto a experimentar más momentos de alegría, cada día.
9. Mis palabras, acciones y pensamientos apoyan mi vida de felicidad.
10. Yo elijo que la alegría sea parte de mi ser interior.
11. Yo estoy feliz con todos mis logros.
12. Yo tomo decisiones y elecciones que me nutren y me traen alegría.
13. Yo saludo todos los días con gratitud y alegría.
14. Yo me permito sentir alegría.
15. Yo me permito enfocarme en pensamientos que me hacen feliz.
16. Yo doy alegría a los demás para poder recibirla a cambio.
17. Yo entiendo que está bien sentir alegría cuando otros no la sienten.
18. Experimentar la vida me trae una gran alegría.

19. Una experiencia alegre abre la puerta a muchas más experiencias alegres.
20. Yo permito que mi alegría me lleve a nuevas alturas.
21. Yo sonrío y siento alegría por el mundo que me rodea.
22. Incluso las cosas simples de la vida me permiten sentir alegría.
23. Yo siento alegría por estar vivo.
24. Yo soy capaz de encontrar la alegría en las cosas simples.
25. Me encanta compartir mi alegría con los demás.
26. Yo soy capaz de encontrar la alegría en cada momento que pasa.
27. Yo doy la bienvenida a la alegría en mi vida.
28. Yo soy capaz de aceptar la alegría y la paz en todos los aspectos de mi vida.
29. Yo dejo de lado toda ansiedad, preocupación, miedo y duda, y me lleno de paz, amor y alegría.
30. Yo he creado un hogar lleno de alegría.
31. Yo doy lo mejor de mí todos los días, lo que me llena de alegría.
32. Yo comparto libremente la alegría que siento en mi corazón.
33. Me gusta hacer cosas buenas para otras personas.
34. Mis responsabilidades diarias le dan a mi vida equilibrio y alegría.
35. Yo soy capaz de hacer que lo que esté haciendo sea agradable.

Capítulo 8: La felicidad

1. Yo soy más feliz que nunca.
2. Yo entiendo que está bien ser feliz.
3. Yo elijo ser feliz.
4. Yo merezco ser feliz.
5. Yo comparto mis pensamientos y experiencias felices con los demás.
6. La felicidad es algo que es contagioso. Entiendo esto y comparto la felicidad a los demás, lo que a su vez me la devuelve.
7. Mi felicidad ayuda a las personas a mi alrededor a sentirse felices.
8. Mi actitud feliz atrae otra felicidad a mi vida.
9. Yo estoy agradecido por mi vida maravillosa. Agradezco a todos los que me han hecho feliz y han hecho que mi vida valga la pena.
10. Yo me siento feliz cuando me acerco hacia mis metas.
11. Yo me enfoco más en mi felicidad presente que en mis errores pasados.
12. Yo veo la felicidad a donde quiera que vaya.
13. Yo puedo levantarme y levantar mi propio espíritu.
14. Yo siento una sensación de felicidad y paz dentro de mí.
15. Yo soy una persona positiva y elijo tener una opinión positiva.
16. Yo tengo todo lo que necesito para ser feliz.
17. Yo estoy listo para enfrentar lo que se me presente con una actitud positiva y feliz.
18. Yo soy feliz. Estoy saludable. Soy fuerte.

19. La felicidad es mi derecho de nacimiento. La felicidad es mi estado natural de ser.
20. Yo me despierto cada mañana sintiéndome feliz por la vida.
21. Yo acepto la vida con sentido del humor y me encanta reírme con los demás.
22. Mi vida brilla y se ilumina cuando tengo pensamientos felices.
23. Aunque estoy trabajando duro en mis metas, recuerdo que es importante divertirse.
24. Ser feliz es una gran prioridad en mi vida, y recuerdo practicar este sentimiento todos los días.
25. Yo me permito disfrutar los pequeños momentos que observo todos los días a mi alrededor.
26. Siempre estoy buscando maneras de traer más felicidad y risas a mi vida.
27. Siempre puedo encontrar una razón para sonreír.
28. Yo soy feliz con las elecciones que hago en la vida.
29. Yo soy amigable con otras personas y les sonrío.
30. Yo extiendo mi felicidad a donde quiera que vaya.
31. Yo me comprometo a desarrollar el nivel más alto posible de felicidad en mi vida.
32. Yo atraigo pensamientos felices a donde quiera que vaya.
33. Yo amo mis recuerdos felices y pienso en ellos a menudo.
34. Yo practico la risa cada día.
35. Me gusta reír. Me río tan a menudo como puedo.
36. Yo soy feliz y libre, y es exactamente para lo que nací.

Conclusión

Gracias por llegar hasta el final del libro *"Afirmaciones "Yo soy": 250 afirmaciones poderosas acerca de vivir en abundancia de riqueza, salud, amor, creatividad, autoestima, alegría y felicidad"*. Espero que haya sido informativo y haya podido brindarle todas las herramientas que necesita para alcanzar sus objetivos.

El siguiente paso es utilizar estas afirmaciones en su rutina diaria regular. Tal vez usted esté sufriendo de depresión, o simplemente no esté contento con el camino de su vida. Tal vez este teniendo problemas en su trabajo o quiera hacer grandes cambios en su vida. ¡Usar las afirmaciones es un gran primer paso para lograr esos cambios! El mayor obstáculo es usted y su forma de pensar. Por ejemplo, es muy fácil decirse a usted mismo que no sirve para hacer ejercicios porque no es bueno en eso. El uso de las afirmaciones puede cambiar ese tipo de pensamiento por completo y ayudarlo a convertirse en una persona mucho más saludable.

Para resumir, las afirmaciones son estas asombrosas declaraciones positivas que le ayudan a desafiar y superar los pensamientos negativos y de auto-sabotaje. Puede parecerle realmente tonto decirse a sí mismo que se siente hermoso todos los días. Pero piénselo así: hacemos ejercicios repetitivos para nuestra salud física, ¿no es cierto? Algunos de nosotros vamos a correr; algunos vamos al gimnasio y levantamos pesas. Hay muchos tipos diferentes de ejercicios físicos, pero todos tienen la misma cosa en común. Y es que nos ayudan a mejorar nuestra salud física. Entonces, ¿por qué nuestra salud mental y emocional debería ser diferente?

Para terminar, si este libro de alguna manera le pareció útil, ¡sus comentarios en Amazon siempre se agradecerán!

www.ingramcontent.com/pod-product-compliance
Lightning Source LLC
Chambersburg PA
CBHW030136100526
44591CB00009B/686